My Prayer
Companion
Prayer Journal 2016

ACTIVINOTES

DAILY JOURNALS, PLANNERS, NOTEBOOKS AND OTHER BLANK BOOKS

Date:

Scripture for the day:

....
....
....

Today, I am grateful for:

....
....
....
....
....
....
....
....
....
....
....
....

I said a special prayer for:

....
....
....
....
....
....

Answered Prayers:

....

....

....

What I would like to see happen tomorrow:

....

....

....

....

....

....

....

....

....

....

....

....

....

....

....

....

....

....

Date:

Scripture for the day:

....

....

....

Today, I am grateful for:

....

....

....

....

....

....

....

....

....

....

....

....

I said a special prayer for:

....

....

....

....

....

....

Answered Prayers:

....
....
....

What I would like to see happen tomorrow:

....
....
....
....
....
....
....
....
....
....
....
....
....
....
....
....
....
....
....
....
....
....
....

Date:

Scripture for the day:

....
....
....

Today, I am grateful for:

....
....
....
....
....
....
....
....
....
....
....
....
....

I said a special prayer for:

....
....
....
....
....
....

Answered Prayers:

....

....

....

What I would like to see happen tomorrow:

....

....

....

....

....

....

....

....

....

....

....

....

....

....

....

....

....

....

....

....

Date:

Scripture for the day:

....
....
....

Today, I am grateful for:

....
....
....
....
....
....
....
....
....
....
....
....

I said a special prayer for:

....
....
....
....
....
....

Answered Prayers:

....

....

....

What I would like to see happen tomorrow:

....

....

....

....

....

....

....

....

....

....

....

....

....

....

....

....

....

....

....

....

....

....

....

Date:

Scripture for the day:

....
....
....

Today, I am grateful for:

....
....
....
....
....
....
....
....
....
....
....
....

I said a special prayer for:

....
....
....
....
....
....

Answered Prayers:

....

....

....

What I would like to see happen tomorrow:

....

....

....

....

....

....

....

....

....

....

....

....

....

....

....

....

....

....

....

....

Date:

Scripture for the day:

....
....
....

Today, I am grateful for:

....
....
....
....
....
....
....
....
....
....
....
....
....

I said a special prayer for:

....
....
....
....
....
....

Answered Prayers:

....

....

....

What I would like to see happen tomorrow:

....

....

....

....

....

....

....

....

....

....

....

....

....

....

....

....

....

....

....

....

Date:

Scripture for the day:

....
....
....

Today, I am grateful for:

....
....
....
....
....
....
....
....
....
....
....
....

I said a special prayer for:

....
....
....
....
....
....

Answered Prayers:

....

....

....

What I would like to see happen tomorrow:

....

....

....

....

....

....

....

....

....

....

....

....

....

....

....

....

....

....

....

Date:

Scripture for the day:

....
....
....

Today, I am grateful for:

....
....
....
....
....
....
....
....
....
....
....
....

I said a special prayer for:

....
....
....
....
....
....

Answered Prayers:

....

....

....

What I would like to see happen tomorrow:

....

....

....

....

....

....

....

....

....

....

....

....

....

....

....

....

....

....

....

Date:

Scripture for the day:

....
....
....

Today, I am grateful for:

....
....
....
....
....
....
....
....
....
....
....
....

I said a special prayer for:

....
....
....
....
....
....

Answered Prayers:

....

....

....

What I would like to see happen tomorrow:

....

....

....

....

....

....

....

....

....

....

....

....

....

....

....

....

....

....

....

....

....

Date:

Scripture for the day:

....
....
....

Today, I am grateful for:

....
....
....
....
....
....
....
....
....
....
....
....
....

I said a special prayer for:

....
....
....
....
....
....

Answered Prayers:

....

....

....

What I would like to see happen tomorrow:

....

....

....

....

....

....

....

....

....

....

....

....

....

....

....

....

....

....

....

....

Date:

Scripture for the day:

....

....

....

Today, I am grateful for:

....

....

....

....

....

....

....

....

....

....

....

....

I said a special prayer for:

....

....

....

....

....

....

Answered Prayers:

....

....

....

What I would like to see happen tomorrow:

....

....

....

....

....

....

....

....

....

....

....

....

....

....

....

....

Date:

Scripture for the day:

....
....
....

Today, I am grateful for:

....
....
....
....
....
....
....
....
....
....
....
....

I said a special prayer for:

....
....
....
....
....
....

Answered Prayers:

....

....

....

What I would like to see happen tomorrow:

....

....

....

....

....

....

....

....

....

....

....

....

....

....

....

....

....

....

....

....

....

....

Date:

Scripture for the day:

....

....

....

Today, I am grateful for:

....

....

....

....

....

....

....

....

....

....

....

....

I said a special prayer for:

....

....

....

....

....

....

Answered Prayers:

What I would like to see happen tomorrow:

Date:

Scripture for the day:

....
....
....

Today, I am grateful for:

....
....
....
....
....
....
....
....
....
....
....
....

I said a special prayer for:

....
....
....
....
....
....

Answered Prayers:

....

....

....

What I would like to see happen tomorrow:

....

....

....

....

....

....

....

....

....

....

....

....

....

....

....

....

....

....

....

Date:

Scripture for the day:

....
....
....

Today, I am grateful for:

....
....
....
....
....
....
....
....
....
....
....
....
....

I said a special prayer for:

....
....
....
....
....
....

Answered Prayers:

What I would like to see happen tomorrow:

Date:

Scripture for the day:

....

....

....

Today, I am grateful for:

....

....

....

....

....

....

....

....

....

....

....

....

I said a special prayer for:

....

....

....

....

....

....

Answered Prayers:

....

....

....

What I would like to see happen tomorrow:

....

....

....

....

....

....

....

....

....

....

....

....

....

....

....

....

....

....

....

....

Date:

Scripture for the day:

....

....

....

Today, I am grateful for:

....

....

....

....

....

....

....

....

....

....

....

....

I said a special prayer for:

....

....

....

....

....

....

Answered Prayers:

....

....

....

What I would like to see happen tomorrow:

....

....

....

....

....

....

....

....

....

....

....

....

....

....

....

....

....

....

....

....

Date:

Scripture for the day:

....

....

....

Today, I am grateful for:

....

....

....

....

....

....

....

....

....

....

....

....

I said a special prayer for:

....

....

....

....

....

....

Answered Prayers:

....

....

....

What I would like to see happen tomorrow:

....

....

....

....

....

....

....

....

....

....

....

....

....

....

....

....

....

....

....

....

Date:

Scripture for the day:

....
....
....

Today, I am grateful for:

....
....
....
....
....
....
....
....
....
....
....

I said a special prayer for:

....
....
....
....
....

Answered Prayers:

....

....

....

What I would like to see happen tomorrow:

....

....

....

....

....

....

....

....

....

....

....

....

....

....

....

....

....

....

Date:

Scripture for the day:

....
....
....

Today, I am grateful for:

....
....
....
....
....
....
....
....
....
....
....
....
....

I said a special prayer for:

....
....
....
....
....
....

Answered Prayers:

....

....

....

What I would like to see happen tomorrow:

....

....

....

....

....

....

....

....

....

....

....

....

....

....

....

....

....

Date:

Scripture for the day:

....
....
....

Today, I am grateful for:

....
....
....
....
....
....
....
....
....
....
....

I said a special prayer for:

....
....
....
....
....
....

Answered Prayers:

....

....

....

What I would like to see happen tomorrow:

....

....

....

....

....

....

....

....

....

....

....

....

....

....

....

....

....

....

....

....

Date:

Scripture for the day:

....
....
....

Today, I am grateful for:

....
....
....
....
....
....
....
....
....
....
....

I said a special prayer for:

....
....
....
....
....

Answered Prayers:

....

....

....

What I would like to see happen tomorrow:

....

....

....

....

....

....

....

....

....

....

....

....

....

....

....

....

....

....

....

Date:

Scripture for the day:

....

....

....

Today, I am grateful for:

....

....

....

....

....

....

....

....

....

....

....

....

I said a special prayer for:

....

....

....

....

....

Answered Prayers:

....
....
....

What I would like to see happen tomorrow:

....
....
....
....
....
....
....
....
....
....
....
....
....
....
....
....
....
....
....
....
....
....

Date:

Scripture for the day:

....
....
....

Today, I am grateful for:

....
....
....
....
....
....
....
....
....
....
....

I said a special prayer for:

....
....
....
....
....
....

Answered Prayers:

....

....

....

What I would like to see happen tomorrow:

....

....

....

....

....

....

....

....

....

....

....

....

....

....

....

....

....

....

....

Date:

Scripture for the day:

....
....
....

Today, I am grateful for:

....
....
....
....
....
....
....
....
....
....
....
....

I said a special prayer for:

....
....
....
....
....

Answered Prayers:

....

....

....

What I would like to see happen tomorrow:

....

....

....

....

....

....

....

....

....

....

....

....

....

....

....

....

....

....

....

Date:

Scripture for the day:

....
....
....

Today, I am grateful for:

....
....
....
....
....
....
....
....
....
....
....
....

I said a special prayer for:

....
....
....
....
....
....

Answered Prayers:

....

....

....

What I would like to see happen tomorrow:

....

....

....

....

....

....

....

....

....

....

....

....

....

....

....

....

....

....

....

....

Date:

Scripture for the day:

....
....
....

Today, I am grateful for:

....
....
....
....
....
....
....
....
....
....
....
....

I said a special prayer for:

....
....
....
....
....
....

Answered Prayers:

....

....

....

What I would like to see happen tomorrow:

....

....

....

....

....

....

....

....

....

....

....

....

....

....

....

....

....

....

Date:

Scripture for the day:

....
....
....

Today, I am grateful for:

....
....
....
....
....
....
....
....
....
....
....
....

I said a special prayer for:

....
....
....
....
....
....

Answered Prayers:

....

....

....

What I would like to see happen tomorrow:

....

....

....

....

....

....

....

....

....

....

....

....

....

....

....

....

....

....

Date:

Scripture for the day:

....
....
....

Today, I am grateful for:

....
....
....
....
....
....
....
....
....
....
....
....

I said a special prayer for:

....
....
....
....
....
....

Answered Prayers:

....

....

....

What I would like to see happen tomorrow:

....

....

....

....

....

....

....

....

....

....

....

....

....

....

....

....

....

....

....

Date:

Scripture for the day:

....
....
....

Today, I am grateful for:

....
....
....
....
....
....
....
....
....
....
....
....
....

I said a special prayer for:

....
....
....
....
....
....

Answered Prayers:

....

....

....

What I would like to see happen tomorrow:

....

....

....

....

....

....

....

....

....

....

....

....

....

....

....

....

....

....

....

Date:

Scripture for the day:

....

....

....

Today, I am grateful for:

....

....

....

....

....

....

....

....

....

....

....

....

I said a special prayer for:

....

....

....

....

....

....

Answered Prayers:

....
....
....

What I would like to see happen tomorrow:

....
....
....
....
....
....
....
....
....
....
....
....
....
....
....
....
....
....
....
....
....

Date:

Scripture for the day:

....
....
....

Today, I am grateful for:

....
....
....
....
....
....
....
....
....
....
....
....

I said a special prayer for:

....
....
....
....
....
....

Answered Prayers:

....

....

....

What I would like to see happen tomorrow:

....

....

....

....

....

....

....

....

....

....

....

....

....

....

....

....

....

....

Date:

Scripture for the day:

....

....

....

Today, I am grateful for:

....

....

....

....

....

....

....

....

....

....

....

....

I said a special prayer for:

....

....

....

....

....

....

Answered Prayers:

....
....
....

What I would like to see happen tomorrow:

....
....
....
....
....
....
....
....
....
....
....
....
....
....
....
....
....
....
....
....

Date:

Scripture for the day:

....
....
....

Today, I am grateful for:

....
....
....
....
....
....
....
....
....
....
....
....

I said a special prayer for:

....
....
....
....
....

Answered Prayers:

....

....

....

What I would like to see happen tomorrow:

....

....

....

....

....

....

....

....

....

....

....

....

....

....

....

....

....

....

Date:

Scripture for the day:

....

....

....

Today, I am grateful for:

....

....

....

....

....

....

....

....

....

....

....

....

I said a special prayer for:

....

....

....

....

....

....

Answered Prayers:

....

....

....

What I would like to see happen tomorrow:

....

....

....

....

....

....

....

....

....

....

....

....

....

....

....

....

....

....

....

....

....

....

Date:

Scripture for the day:

....
....
....

Today, I am grateful for:

....
....
....
....
....
....
....
....
....
....
....
....

I said a special prayer for:

....
....
....
....
....

Answered Prayers:

....
....
....

What I would like to see happen tomorrow:

....
....
....
....
....
....
....
....
....
....
....
....
....
....
....
....
....
....
....

Date:

Scripture for the day:

....
....
....

Today, I am grateful for:

....
....
....
....
....
....
....
....
....
....
....

I said a special prayer for:

....
....
....
....
....
....

Answered Prayers:

....

....

....

What I would like to see happen tomorrow:

....

....

....

....

....

....

....

....

....

....

....

....

....

....

....

....

....

....

....

....

Date:

Scripture for the day:

....

....

....

Today, I am grateful for:

....

....

....

....

....

....

....

....

....

....

....

....

I said a special prayer for:

....

....

....

....

....

....

Answered Prayers:

....

....

....

What I would like to see happen tomorrow:

....

....

....

....

....

....

....

....

....

....

....

....

....

....

....

....

....

....

....

....

....

Date:

Scripture for the day:

....

....

....

Today, I am grateful for:

....

....

....

....

....

....

....

....

....

....

....

....

I said a special prayer for:

....

....

....

....

....

....

Answered Prayers:

....

....

....

What I would like to see happen tomorrow:

....

....

....

....

....

....

....

....

....

....

....

....

....

....

....

....

....

....

....

Date:

Scripture for the day:

....
....
....

Today, I am grateful for:

....
....
....
....
....
....
....
....
....
....
....
....

I said a special prayer for:

....
....
....
....
....

Answered Prayers:

....

....

....

What I would like to see happen tomorrow:

....

....

....

....

....

....

....

....

....

....

....

....

....

....

....

....

....

....

....

....

Date:

Scripture for the day:

....
....
....

Today, I am grateful for:

....
....
....
....
....
....
....
....
....
....
....
....

I said a special prayer for:

....
....
....
....
....

Answered Prayers:

....

....

....

What I would like to see happen tomorrow:

....

....

....

....

....

....

....

....

....

....

....

....

....

....

....

....

....

....

....

....

Date:

Scripture for the day:

....

....

....

Today, I am grateful for:

....

....

....

....

....

....

....

....

....

....

....

....

I said a special prayer for:

....

....

....

....

....

....

Answered Prayers:

....

....

....

What I would like to see happen tomorrow:

....

....

....

....

....

....

....

....

....

....

....

....

....

....

....

....

....

....

....

....

....

Date:

Scripture for the day:

....
....
....

Today, I am grateful for:

....
....
....
....
....
....
....
....
....
....
....

I said a special prayer for:

....
....
....
....
....
....

Answered Prayers:

....

....

....

What I would like to see happen tomorrow:

....

....

....

....

....

....

....

....

....

....

....

....

....

....

....

....

....

....

....

....

Date:

Scripture for the day:

....
....
....

Today, I am grateful for:

....
....
....
....
....
....
....
....
....
....
....

I said a special prayer for:

....
....
....
....
....

Answered Prayers:

....

....

....

What I would like to see happen tomorrow:

....

....

....

....

....

....

....

....

....

....

....

....

....

....

....

....

....

....

....

....

Date:

Scripture for the day:

....

....

....

Today, I am grateful for:

....

....

....

....

....

....

....

....

....

....

....

....

I said a special prayer for:

....

....

....

....

....

Answered Prayers:

....

....

....

What I would like to see happen tomorrow:

....

....

....

....

....

....

....

....

....

....

....

....

....

....

....

....

....

....

Date:

Scripture for the day:

....
....
....

Today, I am grateful for:

....
....
....
....
....
....
....
....
....
....
....
....

I said a special prayer for:

....
....
....
....
....
....

Answered Prayers:

....
....
....

What I would like to see happen tomorrow:

....
....
....
....
....
....
....
....
....
....
....
....
....
....
....
....
....
....
....
....
....
....
....

Date:

Scripture for the day:

....
....
....

Today, I am grateful for:

....
....
....
....
....
....
....
....
....
....
....
....

I said a special prayer for:

....
....
....
....
....

Answered Prayers:

....

....

....

What I would like to see happen tomorrow:

....

....

....

....

....

....

....

....

....

....

....

....

....

....

....

....

....

....

....

Date:

Scripture for the day:

....

....

....

Today, I am grateful for:

....

....

....

....

....

....

....

....

....

....

....

....

I said a special prayer for:

....

....

....

....

....

....

Answered Prayers:

....

....

....

What I would like to see happen tomorrow:

....

....

....

....

....

....

....

....

....

....

....

....

....

....

....

....

....

....

....

....

Date:

Scripture for the day:

....
....
....

Today, I am grateful for:

....
....
....
....
....
....
....
....
....
....
....
....

I said a special prayer for:

....
....
....
....
....
....

Answered Prayers:

....

....

....

What I would like to see happen tomorrow:

....

....

....

....

....

....

....

....

....

....

....

....

....

....

....

....

....

....

....

....